UNA HERENCIA DE PARÍS
DIRECTOR MIGUEL PEREYRA
FECHA: 1944
ESCENA 4
PLANO 3
TOMA 2

Este título incluido en **Nuestros Ilustres** —la serie de biografías de destacados personajes de los ámbitos de la ciencia, la cultura y la historia— pretende servir de soporte cultural y educativo, así como de **apoyo extracurricular a diversas asignaturas**, con el objetivo de promover el conocimiento, la investigación, la innovación, el talento y la divulgación. Cada título aproxima a los niños a un personaje cuya trayectoria ha contribuido significativamente al desarrollo y a la calidad de vida de nuestra sociedad.

Las biografías de **Nuestros Ilustres** forman parte de un proyecto impulsado por la **Fundación Acuorum Iberoamericana Canaria de Agua** en colaboración con **Canaragua**, **Aguas de Telde** y **Teidagua**. Han sido coordinadas y dirigidas por la editorial Vegueta.

Guía de lectura:
¿Deseas saber más sobre Josefina de la Torre y su época?

Encontrarás citas sobre la protagonista.

Obtendrás información más detallada.

Textos: Alicia Mederos
Ilustraciones: Marta Ponce

Colección dirigida por Eva Moll de Alba

© de esta edición: Fundación Acuorum Iberoamericana Canaria de Agua
Gabinete Literario. Plaza de Cairasco, 1
35002 Las Palmas de Gran Canaria
www.acuorum.com

Primera edición: marzo de 2023
ISBN: 978-84-947237-7-3
Depósito Legal: GC 392-2022
Impreso y encuadernado en España

NUESTROS ILUSTRES

Josefina de la Torre

La muchacha isla

ALICIA MEDEROS
MARTA PONCE

Vegueta Infantil

Playa de Las Canteras

Con sus más de tres kilómetros de longitud, esta playa de Las Palmas de Gran Canaria está considerada una de las más bellas playas urbanas del mundo. Su nombre proviene de que antiguamente fue una cantera, de la cual se extraía roca para construir, entre otros, monumentos como la Catedral de la ciudad.

Generación del 27

Se llama así al grupo de poetas que se reunieron para conmemorar el 300 aniversario de la muerte de Góngora y empezaron a publicar en torno a 1920. Son reconocidos por haber aunado la tradición literaria española con las corrientes de vanguardia.

El 25 de septiembre de 1907 los ojos de Josefina de la Torre se abrieron por primera vez a la luz de su ciudad, Las Palmas de Gran Canaria. Sus pupilas se inundaron con el azul de la isla, un azul de ultramar que en ocasiones tornaba verde o mercurio, como los charcos de la playa de Las Canteras.

Francisca y Bernardo, los padres de Josefina, tenían una casa en esa misma playa. Ella crecería en ese escenario idílico, rodeada de mar y de todas esas casitas alineadas frente a la costa. Allí nacería su relación con el teatro y su pasión por la escritura.

Josefina convertiría las escenas cotidianas de aquella playa en poemas que la proyectarían más allá de los confines de su isla, ¡y del continente!, tanto que se la reconocería como la voz insular de un grupo de poetas españoles que daría la vuelta al mundo: la generación del 27.

Pero eso será más adelante. Ahora vayamos al comienzo de esta historia, que nos sitúa en la casa familiar de Francisca Millares, Bernardo de la Torre y sus seis hijos, la menor de los cuales es nuestra protagonista.

Corrían los «locos años veinte» y a Francisca le encantaba organizar veladas musicales en el amplio salón con ventanas a la playa. La madre de Josefina era una gran intérprete de piano y canto y se encargaba de la formación musical de sus hijos. Eso incluía, por supuesto, a la propia Josefina, quien haría de la música el camino que la llevaría hasta Madrid.

Fue en la capital donde se formó como cantante e intérprete de guitarra y piano, logrando un timbre de soprano dramática que supo aprovechar para hacerse un hueco en los escenarios más reconocidos de Madrid: el Teatro de la Zarzuela, la Residencia de Estudiantes y la Orquesta del maestro Zorozábal. Estos serían los primeros pasos profesionales de la joven Josefina sobre las tablas, y los dio como soprano ante un público que aplaudía con entusiasmo sus actuaciones.

Los locos años veinte

Los «locos años veinte» o «felices años veinte» corresponden al período posterior a la Primera Guerra Mundial. Fue una época de gran prosperidad económica para Occidente, con el consiguiente desarrollo de las artes y la cultura.

Teatro de la Zarzuela

Situado en la calle de Jovellanos, en Madrid, fue inaugurado en 1856 y declarado Monumento Nacional en 1998. Su fin último es recuperar, conservar, revisar y difundir el género lírico español.

Residencia de Estudiantes

Fue el primer centro cultural español y cuna de la generación del 27. Fundada en 1910, se proponía complementar la enseñanza universitaria mediante la creación de un ambiente intelectual y de convivencia para los estudiantes.

Teatro Mínimo

Se fundó en 1927 en la casa familiar de la playa de Las Canteras. Se representaban, junto a textos clásicos, otros de corte innovador de autores internacionales. Se inauguró con la obra *El viajero* de Claudio de la Torre, en la que actuaban todos los miembros de la familia. Además, tanto los decorados como el vestuario fueron diseñados por Néstor Martín-Fernández de la Torre.

El Mirlo Blanco

En 1923, Ricardo Baroja y su esposa, Carmen Monné, decidieron crear en su casa, en el número 24 de la calle de Mendizábal de Madrid, un teatro de cámara donde las noches de los sábados se representaban las obras de escritores de la época que no tenían oportunidad de estrenarse en grandes teatros.

El primer escenario que pisó Josefina fue la playa de Las Canteras, donde debutó como actriz en el Teatro Mínimo, puesto en pie por su hermano Claudio, quien, además, hacía las veces de director y donde el resto de la familia aportaba su granito de arena. Ninguno sospechaba el alcance que tendrían estas representaciones familiares.

En ese escenario Josefina escuchó por primera vez el calor de los aplausos y saboreó la mezcla de rubor y excitación de saberse reconocida. En esa velada se forjó el principio de una de sus muchas vocaciones.

En el Teatro Mínimo llevaron a escena obras de autores poco convencionales que Claudio conocía bien. Muy pronto, la prensa madrileña alabó sus representaciones y las comparó con el teatro de cámara madrileño El Mirlo Blanco.

Al Teatro Mínimo acudieron muchos amigos y vecinos encantados con su papel de público en unas obras que implicaban a toda la familia, incluyendo al tío paterno, el brillante barítono Néstor de la Torre, quien asistía puntual cada vez que coincidía con su estancia en la isla, y al jovencísimo Néstor Martín-Fernández de la Torre, encargado de los *atrezzos* y los decorados. ¡Cómo imaginar entonces que en pocos años se convertiría en el gran pintor modernista y simbolista de Canarias!

Aquella experiencia teatral a orillas del mar fue el origen de una relación profesional entre Claudio y Josefina que duraría muchos años y les llevaría hasta las tablas del prestigioso Teatro María Guerrero, a él como director y a ella como primera actriz.

Néstor de la Torre (Las Palmas de Gran Canaria, 1875 - Madrid, 1933)

Fue un barítono de brillante carrera internacional, con una bellísima voz, gran musicalidad y una técnica depuradísima. Triunfó en óperas de todo el mundo, desde Milán y Nápoles hasta América Latina.

Néstor Martín-Fernández de la Torre (Las Palmas de Gran Canaria, 1887 - 1938)

Fue pintor, decorador, escenógrafo y el principal representante del simbolismo y del modernismo en la pintura canaria. Colaboró con su hermano, el arquitecto Miguel, en proyectos como el Teatro Pérez Galdós y el Pueblo Canario, en Las Palmas de Gran Canaria, o el Parador de Tejeda (Gran Canaria). Su obra se expone en el Museo Néstor, inaugurado en 1956.

LA UNIÓN
EL FÉNIX ESPAÑOL

Pedro Salinas
(Madrid, 1891 - Boston, 1951)

Conocido por ser uno de los máximos exponentes de la generación del 27, también pasó a la historia, además de por sus poemas, por los ensayos y la traducción al castellano de la obra de Marcel Proust.

***Poesía Española. Antología* de Gerardo Diego**

Esta obra abarca a grandes poetas desde Rubén Darío hasta 1934, fecha de su publicación. En ella figuran, entre otros, Rafael Alberti, Nicolás Guillén, Federico García Lorca, Luis Cernuda, Manuel Altoaguirre, Juan Chabás, Dámaso Alonso o Vicente Aleixandre. Las dos únicas mujeres poetas que aparecen en la antología son Josefina de la Torre y Ernestina de Champourcín.

A comienzos de los años treinta Josefina se instaló en Madrid. Acababa de sorprender a la crítica literaria con *Versos y Estampas*, su primer poemario, cuyo prólogo firmó nada menos que el escritor Pedro Salinas. Este insigne poeta comenta en esas líneas que la poesía de la joven isleña «estaba rodeada de agua por todas partes». Fue él quien la bautizó como «muchacha isla», un apodo perfecto para esa mujer de ojos azul de ultramar que encandilaba a todos con su belleza y su creatividad.

Los versos de Josefina también sedujeron al poeta y editor Gerardo Diego, que decidió incluirla en su *Poesía Española. Antología (Contemporáneos)*, junto a los grandes poetas de la generación del 27.

Era ya imposible parar la inspiración lírica de Josefina quien, en toda una declaración de principios sobre su procedencia insular, publicó *Poemas de la isla*.

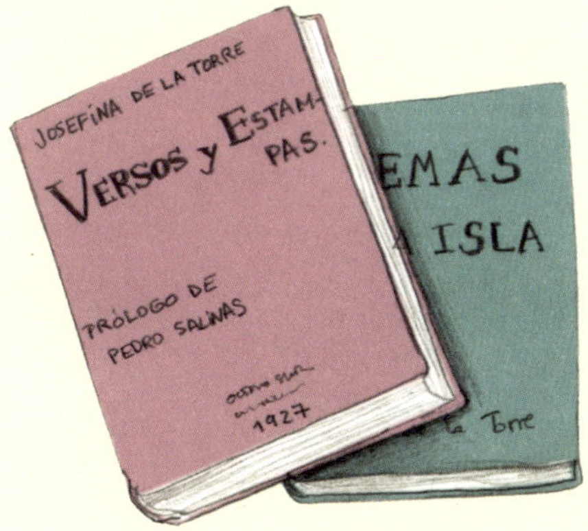

La generación del 27 es una referencia de alcance internacional de la poesía española del siglo xx. Josefina y Ernestina de Champourcín son las dos únicas mujeres que figuran en la antología poética de Gerardo Diego. Pero ¿es que no había más mujeres poetas entonces en España? Por supuesto que había escritoras, artistas, científicas..., pero su trabajo ha permanecido silenciado hasta hace bien poco.

Los años treinta fueron los de mayor creatividad y felicidad para Josefina. Era una más en todos aquellos lugares donde se estaba produciendo una enorme transformación social y cultural; entre ellos, la Residencia de Estudiantes de Madrid, un escenario de vital importancia para la cultura española, ya que ahí convivieron y se formaron creadores como Federico García Lorca, Salvador Dalí o Luis Buñuel.

También formaba parte de un grupo que compartía intereses culturales, los intelectuales y artistas de lo que se conoce como «la vanguardia española». Su hermano Claudio de la Torre estaba integrado en los mismos círculos. Para entonces, era un reconocido escritor y dramaturgo, pues había obtenido, en 1924, el Premio Nacional de Literatura por su obra *En la vida del señor Alegre*, un galardón, por cierto, que volvió a ganar con *El río que nace en junio*.

Ernestina de Champourcín (Vitoria-Gasteiz, 1905 - Madrid, 1999)

Discípula de Juan Ramón Jiménez, que se refirió a sus poemas como «un misterio repetido, [...] una nube fogueante, [...] una larga primavera rodeada de esbeltos ángeles adolescentes», formó parte de las llamadas Sinsombrero, chicas con gran formación intelectual, respondonas y modernas que no querían verse atadas a las normas de la época.

Mujeres silenciadas

De la Antigüedad a nuestros días, el patriarcado ha sido la forma de organización imperante en nuestra sociedad. Las mujeres han sido excluidas de la historia por múltiples e injustos motivos y han tenido que luchar por conseguir, simplemente, gozar de los mismos derechos que los hombres. Por desgracia, ni siquiera ahora la igualdad es real en muchos ámbitos y lugares del mundo y hay que continuar luchando.

Las Aventuras de Tom Sawyer
PABLO NERUDA
ANA KARENINA
E.A. POE
IVANHOE

«No puedo evitar sentir que no hay belleza sin esperanza, lucha sin conquista».

Luis Buñuel

Luis Buñuel (Calanda, 1900 - Ciudad de México, 1983)

Reconocido como uno de los genios del panorama cinematográfico español, sus películas —*El perro andaluz*, *Los olvidados* o *Tristana*— son objeto de culto en nuestros días. Gran amigo de García Lorca y Dalí, con los que se alojó en la Residencia de Estudiantes, fue el primer director español en conseguir el Óscar a la mejor película de habla no inglesa.

Marlene Dietrich

De familia acomodada, hija de un policía y una dama de alta cuna, recibió una estricta formación. Su popularidad llegó cuando Josef von Sternberg la llamó para protagonizar *El ángel azul*. Actriz con gran variedad de registros expresivos y una personalidad arrebatadora, se ha convertido con el paso de los años en un icono de la libertad sexual.

Claudio era mayor que Josefina y que la mayoría de artistas de la vanguardia española con quienes mantuvo una estrechísima amistad. En no pocas ocasiones ejerció de protector de todos ellos, sobre todo a la hora de pagar algunas cuentas tras prolongadas sobremesas. Relata el cineasta Luis Buñuel en sus *Memorias* que al Hotel Palace de Madrid acudió su amigo Claudio en más de una ocasión a saldar deudas que sobrepasaban los bolsillos de los amigos de la Residencia de Estudiantes.

Muchos de ellos mantuvieron, tanto con Claudio como con Josefina, una intensa relación personal y profesional que les llevó a compartir proyectos innovadores en teatro y cine. Fueron años de mucha creatividad y de relaciones afectivas y profesionales que resultarían muy fecundas.

Así, por ejemplo, Claudio de la Torre se trasladó a Joinville en Francia, donde la *Paramount*, que acababa de montar una filial, le encargó la dirección de los doblajes al español de sus películas. Él implicó a muchos de sus amigos en aquella aventura: desde Edgar Neville hasta Luis Buñuel, pasando por la propia Josefina, cuya voz, ¡soprano dramática!, le propició de nuevo un encargo muy particular: ponerle voz en castellano a la actriz Marlene Dietrich, uno de los grandes mitos del cine de todos los tiempos.

La artista poliédrica que había en Josefina comenzó a dar muestras de su gran talento, y la poeta cedió por un tiempo paso a la actriz de cine y teatro.

La experiencia francesa en Joinville fue tan gratificante que la productora *Paramount* le ofreció a Claudio la puesta en marcha de unos estudios en Madrid donde consolidar los doblajes al español y, de paso, sondear la posibilidad de producir películas en España.

Todo iba viento en popa para Josefina, que en 1935 preparaba su desembarco en la recién creada industria cinematográfica española mientras afianzaba su carrera como soprano y actriz de teatro.

La vida profesional sonreía a nuestra protagonista, quien, a sus treinta años, había superado metas literarias inalcanzables para muchos escritores varones y con las cuales no podían ni soñar las mujeres de aquella época.

Los orígenes del doblaje

No fue hasta después de 1927 que el cine comenzó a introducir el sonido. Sin embargo, al principio los actores tenían que grabar sus voces en unos discos de vinilo que se reproducían al mismo tiempo que la película, método utilizado en *Cantando bajo la lluvia*. En 1952, al fin, se introdujo el sonido magnético que simplificó sobremanera el proceso para los dobladores.

MISTERIO EN LA MARISMA
ESCENA
16
PLANO
3
TOMA
1
DIRECTOR:
CLAUDIO DE LA TORRE
SONIDO

MADRID

Segunda República Española

El Gobierno de coalición de partidos de izquierdas, el Frente Popular, encuentra muchas dificultades para aprobar leyes en el Parlamento, al tiempo que en la calle se suceden las revueltas y manifestaciones. El clima es cada vez más tenso y se escuchan voces que claman por nuevas elecciones. Empieza a sonar el «ruido de sables», como se conoce el levantamiento de los militares contra un Gobierno. Así, el 18 de julio de 1936, Francisco Franco encabeza un golpe de Estado contra el Gobierno de Manuel Azaña, presidente de la República.

Exilio

La Guerra Civil empujó a miles de personas a huir para salvar sus vidas. Tras el fin de la contienda, hombres, mujeres y niños pidieron asilo, en lo que se conoce como el exilio español. Entre las miles de personas que se refugiaron en Francia, México, Argentina, Chile o Estados Unidos, se encuentran celebridades que destacaron en distintas disciplinas del mundo de las artes, la cultura y la ciencia.

Pero las cosas no iban bien en la política española y Canarias fue el escenario de un triste acontecimiento: el Hotel Madrid en Las Palmas de Gran Canaria fue el lugar elegido por el general Francisco Franco para instalar su base de operaciones, desde la cual dirigió el alzamiento militar contra el Gobierno.

Fue el comienzo de una guerra que duró tres años, ocasionó miles de muertos y encarcelados y terminó en una dictadura que puso fin a todo el proceso de cambio social y cultural.

Muchos españoles, entre ellos buena parte de los intelectuales y artistas de aquella generación de amigos y compañeros de Josefina de la Torre, se vieron obligados a exiliarse a otros países.

En los primeros meses tras el golpe de Estado, Josefina, Claudio y su esposa, Mercedes Ballesteros, se refugiaron en la Embajada de México en Madrid. La idea del exilio rondó por sus cabezas, pero una serie de circunstancias familiares les hizo regresar a Canarias, donde pasaron los tres años de la guerra. Allí pusieron en marcha una empresa editorial, La Novela Ideal, que publicaba libros cortos de amor e intriga, muy populares entonces, bajo seudónimo. Josefina eligió el segundo apellido de su padre para dar vida a «Laura de Cominges».

No resultó un negocio muy rentable, a pesar de que La Novela Ideal tenía detrás a escritores de gran envergadura. Aunque las novelas cortas fueron concebidas como un mero instrumento para ganarse la vida, el resultado final fue una colección de relatos con una enorme fuerza como guiones teatrales y cinematográficos.

Guerra civil española

Con ese nombre nos referimos al conflicto bélico que tuvo lugar entre 1936 y 1939. En ella se enfrentaron el bando nacional, liderado por Francisco Franco, y el bando republicano, que defendía el Gobierno democrático al que los militares querían derrocar. Murieron cerca de 500 000 personas y acabó con la instauración de un régimen dictatorial que duró 36 años.

Seudónimo

Un seudónimo o nombre de pluma es un nombre falso elegido por un artista para publicar sus obras. A lo largo de la historia, muchos autores —y sobre todo autoras— han recurrido a ellos por motivos políticos, sociales, estéticos, afectivos, despectivos o de otro tipo.

VIERNES
30
·1939·
La rival de Julieta
Primavera en Italia
Una muchacha decidida que se
arriesga en declarar su
amor...
Laura
de
minges
La Novela Ideal

EVACUAD
MADRID

«Mis amigos de entonces,
aquellos que leíais mis versos
y escuchabais mi música:
Luis, Jorge, Rafael,
Manuel, Gustavo...
¡Y tantos otros ya perdidos!
Enrique, Pedro, Juan,
Emilio, Federico...,
¿por qué este hueco entre
las dos mitades?».

Principio del poema
Mis amigos de entonces
de Josefina de la Torre

Muerte de Federico García Lorca

El poeta y dramaturgo granadino fue fusilado a los 38 años junto a un olivo en la carretera que une las localidades de Víznar y Alfacar (Granada), en la madrugada del 18 de agosto de 1936. Su muerte fue una auténtica tragedia para el mundo de la cultura y un ejemplo de los muchos horrores de la guerra.

Al acabar la guerra, Josefina regresó a Madrid. Ambos hermanos se embarcaron en la recuperación del Teatro María Guerrero y decidieron, como algunos otros intelectuales y artistas, apostar por seguir creando pese a la censura y las restricciones de la dictadura. Pero Madrid ya no era la ciudad de la Edad de Plata de la cultura española.

La mayoría de los artistas de la vanguardia estaban en el exilio o habían sido encarcelados, apartados o asesinados, como fue el caso del poeta Federico García Lorca. Para Josefina no eran solo colegas con quienes había compartido inquietudes artísticas, eran sus amigos, amigos que ya no estaban. Josefina sufrió, en esos primeros años cuarenta, una fractura tremenda en su vida que dejó escrita en el poema *Mis amigos de entonces*, donde refleja el dolor por la pérdida y expresa un sentimiento de desolación desgarrador.

¡Pero la vida debe continuar! Josefina se volcó en el cine, una nueva herramienta artística en pleno apogeo. Trabajó como actriz en varias películas dirigidas por su hermano y desempeñó labores como ayudante de dirección. También fue guionista. De hecho, ganó un Premio Nacional por el guion de *Tú eres él*, novela escrita por ella misma bajo el seudónimo Laura de Cominges que llevó a la gran pantalla el director mexicano Miguel Pereyra con el título *Una herencia en París*.

Al mismo tiempo, colaboró en revistas punteras de cinematografía, como *Primer Plano*, donde ejerció de entrevistadora y fue entrevistada como estrella emergente del cine español.

Primer Plano

La primera revista cinematográfica oficial editada en España nació a imitación de la revista fascista *Cinema*, dirigida por Vittorio Mussolini, hijo del Duce, que dependía de los Servicios de Prensa y Propaganda, controlados por una élite de intelectuales falangistas.

PRIMER PLANO
PRIMER PLANO
revista española de cinematografía
Josefina de la Torre
1pta.
PRIMER PLANO
revista española de cinematografía
1pta.
Josefina de la Torre

Edgar Neville
(Madrid, 1899 - 1967)

Director de cine y escritor, estudió Derecho en la Universidad Central de Madrid para cursar luego la carrera diplomática. En 1929 se hizo cargo del consulado de España en Los Ángeles, donde entró en contacto con el mundo del cine y recibió varios encargos para escribir las versiones españolas de filmes realizados en Hollywood. Fue de vuelta en España cuando comenzó a dirigir las películas por las que pasaría a la historia.

Amparo Soler Leal
(Madrid, 1933 - Barcelona, 2013)

Fue una de las grandes actrices españolas de los años cincuenta, galardonada con la Medalla de Oro al mérito en las Bellas Artes y Fotogramas de Plata. Rodó con los más prestigiosos directores del cine español, como Luis García Berlanga, José María Forqué o Pilar Miró.

Núria Espert
(Hospitalet de Llobregat, 1935)

Actriz y directora española, empezó su carrera a los 16 años. Tras crear su propia compañía, con la que triunfó por toda España, en 1979 fue nombrada Directora del Centro Dramático Nacional junto a José Luis Gómez y Ramón Tamayo, cargo que ocupó hasta 1981. Cinco años más tarde obtuvo el Premio Nacional de Teatro.

Sin embargo, el cine no resultó ser una experiencia muy grata. De hecho, no le gustó aquel ambiente. En su novela corta *Memorias de una estrella* lo calificó de frívolo.

Se retiró tras haber ganado el Premio al Mejor Guion, en pleno auge de su carrera como actriz y a punto de cobrar vuelo de la mano de directores que comenzaban a gozar de prestigio, como Edgar Neville.

Desencantada del séptimo arte, regresó a las tablas del teatro y formó parte de compañías muy importantes como las de Amparo Soler Leal o Núria Espert. También montó su propia compañía y recorrió los teatros de media España.

Teatro y poesía se convirtieron desde los años sesenta del siglo XX en sus dos grandes vocaciones aunque no dejó de explorar nuevas posibilidades, que, además, le reportaban ciertos ingresos, como los programas *Teatro del Aire*, de Radio Nacional, y *Estudio 1*, de Televisión Española, los últimos escenarios que transitó antes de retirarse de la vida pública.

Para entonces había cumplido ya los ochenta y dos años y la vida le había propinado duros golpes en el terreno personal, como la pérdida repentina, a comienzos de los años ochenta, de su marido, el actor Ramón Corroto. Josefina se había casado con él unos años antes, cuando ella tenía setenta y él cuarenta. La muerte de Ramón le inspiró un poemario al que tituló *Mi dolor*.

Al retirarse de la vida pública, muchos pensaron que había fallecido, hasta que a finales de los años noventa fue «redescubierta» para la memoria colectiva. Fue entonces cuando se organizaron varias exposiciones sobre su vida y obra tanto en Madrid como en Canarias, ingresó como miembro de Honor en la Academia Canaria de la Lengua y, en su isla natal, varios lugares adoptaron su nombre: una calle, un centro de Educación Secundaria y una Sala del Teatro Cuyás; también la Biblioteca Municipal instalada en el Paseo de Las Canteras, la playa donde comenzó su carrera. Y en 2020 fue la protagonista del Año de las Letras Canarias.

«Yo no sé por cual vereda
he de encontrarme tu sombra
ni donde hallaré la huella
de tu andar desconocido.
Y voy con los ojos bajos
contando las piedrecitas,
y sujetando en prisiones
de párpados y latidos
todos los grises contornos
que el sol dibuja en el suelo
y todas las curvas blancas
que el aire forma en la tierra.
Yo no sé por qué camino
ni cual será la vereda».

Poemas de la isla
de Josefina de la Torre

Academia Canaria de la Lengua

Creada en 1999, es una institución encargada del estudio de la literatura y de la lengua española en las islas Canarias cuya finalidad es el estudio y la descripción de la variedad canaria del español, así como de la producción literaria realizada en el archipiélago.

Mi dolor
a mi querido
Ramón Corroto.
1980

Romancero gitano
por
F.G.LORCA

«Si ha de ser, quiero que sea
de pronto. Cuando yo piense
en horizontes dormidos
y en el mar sobre la playa.
Si ha de ser, que me sorprenda
en mis mejores recuerdos
para hacer de su presencia
un solo signo en el aire.
Dormida no, ni despierta:
si ha de ser, quiero que sea».

Poemas de la isla
de Josefina de la Torre

Josefina de la Torre falleció en Madrid a los 95 años. Junto al río Manzanares, murió como había nacido: cerca del agua.

La historia de Josefina, como el resto de historias, está repleta de claroscuros, de alegrías y tristezas, pero hoy podemos decir que su vida fue la de una de las grandes del Arte, una artista poliédrica cuyos múltiples rostros son parte del testamento esencial del siglo XX.

La protagonista

1907

Josefina de la Torre nace en Las Palmas de Gran Canaria. Es hija de Bernardo de la Torre y Cominges (un exitoso hombre de negocios) y Francisca Millares, que proviene de una familia dedicada por completo a la cultura y las artes, algo que sin duda marcará el carácter de Josefina.

1927

Funda en su casa de Las Canteras, junto con su hermano Claudio, el Teatro Mínimo. Traba amistad en Madrid con escritores de la generación del 27, y Pedro Salinas le escribe un prólogo para su libro de poemas *Versos y Estampas*.

1934

Comienza a trabajar como actriz de doblaje para la *Paramount* en Francia. Además, Gerardo Diego incluye poemas suyos en su célebre *Poesía Española. Antología* (*Contemporáneos*), junto a los grandes poetas de su época. Ella y Ernestina de Champourcín son las dos únicas mujeres que figuran en la antología.

Otros canarios ilustres

1534-1597

Padre Anchieta
Escritor, aventurero y defensor de los pueblos indígenas

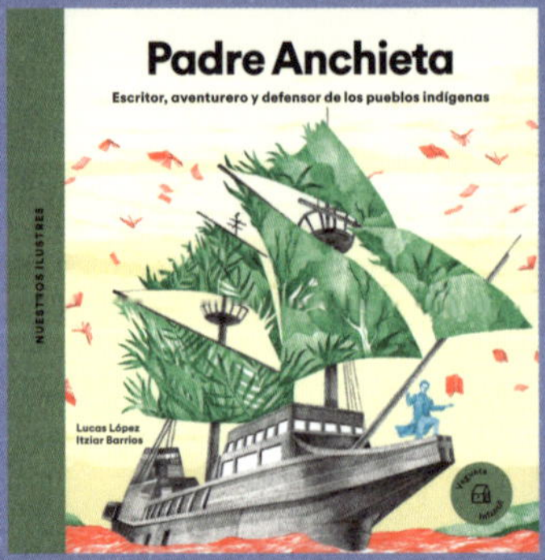

1834-1912 / 1842-1918

Los León y Castillo
Dos hermanos soñadores

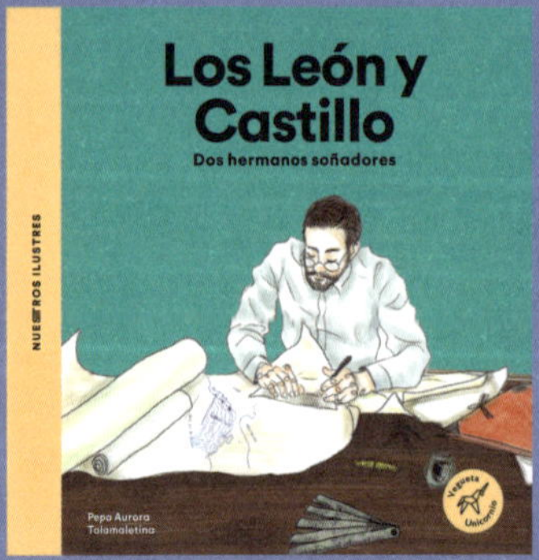

1843-1920

Benito Pérez Galdós
El narrador de un mundo

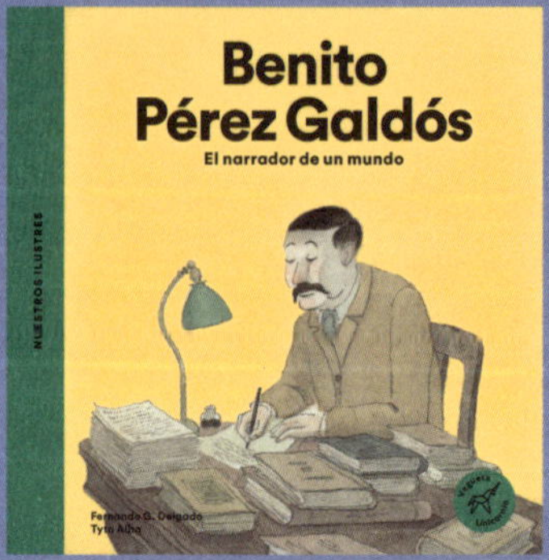

1936–1939

Durante la Guerra Civil, Josefina regresa a su ciudad natal, donde publica sus primeras novelas bajo el seudónimo de Laura de Cominges en la editorial La Novela Ideal, que funda con su hermano Claudio.

1946

De vuelta en Madrid, y tras haber trabajado como actriz, ayudante de dirección, guionista y columnista de la revista cinematográfica *Primer Plano*, crea, en 1946, la Compañía de Comedias Josefina de la Torre con la colaboración de su marido, el actor Ramón Corroto.

2002

Cuando Josefina fallece, en Madrid, a los 95 años, la Academia Española de las Artes y las Ciencias Cinematográficas le rinde homenaje en la gala de los Premios Goya, en reconocimiento a su labor como actriz. Con ella se va la última representante de la generación del 27.

1883-1976

Mercedes Pinto
La escritora que abrió ventanas de colores

1907-2002

Josefina de la Torre
La muchacha isla

1925-2019

Martín Chirino
El niño que quería mover el horizonte

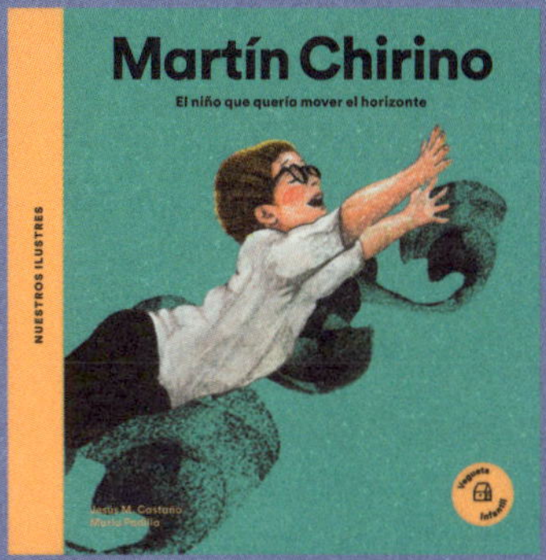

UNA HERENCIA DE PARÍS
DIRECTOR: MIGUEL PEREYRA
FECHA: 1944
ESCENA
4
PLANO
3
TOMA
2